ORDONNANCE

Et Placcart des Archiduqz noz Princes Souuerains sur le cours & permission des monnoyes.

EN ANVERS
Chez Hierosme Verdussen, l'An 1611.

Auec Grace & Priuilege.

ORDONNANCE

Et Placcart des Archiduqz noz Princes Souuerains ſur le cours & permiſsion des monnoyes.

22 mars 1611.

EN ANVERS
Chez Hieroſme Verduſſen, l'An 1611.

Auec Grace & Priuilege.

Sommaire du Priuilege.

ALBERT & ISABELLA Clara Eugenia Infante d'Espaigne par la grace de Dieu Archiducqz d'Austrice, Ducqz de Bourgoingne, &c. A tous ceux qui ces presentes verront, salut. Receu auons l'humble supplication de nostre Chier & bien ame Ierosme Verdussen, contenante, qu'il nous auroit pleu le dernier de Iuing de l'an mil six cent & sept, luy accorder noz lettres patentes de Priuilege, soubsignees par le *Conte*, & au Conseil de Brabant par *Buschere*, à la seclusion de tous aultres, A fin de pouuoir Imprimer toutes les affaires concernans noz monnoyes, auec deffence & Inhibition, à tous aultres Imprimeurs de ne les pouuoir contrefaire; & que non obstant icelles, aucuns Imprimeurs se sont aduancez de contrefaire lesdictes Eualuations & libures, dont se trouuant le suppliant souuent constrainct de pour ce soustenir diuers proces, (cause pour estre conuenablement remediée) s'est aduisé de prendre son recours vers nous. SÇAVOIR FAISONS doncques que nous les choses susdictes considerees inclinans fauorablement à la requeste & supplication dudict Ierosme Verdussen suppliant, luy auons octroyé & consenti, octroyons & consentons, en luy donnant congé & licence de grace especiale par ces presentes, qu'il puist & pourra seul, & à l'exclusion de tous aultres Imprimeurs vendre & distribuer en & par tous noz pays de pardeça toutes noz causes & affaires contenans noz monnoyes; si comme eualuations, permissions, Placcartz, tollerations, libures ou liuretz, & chartes de noz deniers d'or & d'argent aussi bien eualuez que non eualuez, auec leur poix, pris & valeur. Si auons Interdict & defendu, Interdisons & defendons bien expressemēt, & à certes, à tous aultres Imprimeurs, tailleurs, graueurs, & libraires de quelque qualité ou condition qu'ilz soyent ou pourroyent estre, iceux libures ou liburetz, permissions, Placcarts, & tollerations, ensamble tout ce que peult aussi toucher le faict desdictes monnoyes en tout ou en partie, d'en suyure, contrefaire, ou imprimer, ou en quelque lieu estans ensuiuiz, contrefaictz ou imprimez, de vendre, faire, ou laisser vendre iceux en noz pays de pardeça, ny lesdictes Eualuations & specifications de nosdictes monnoyes, ayans presentemēt cours, ou qu'ilz pourront auoir, soit à plus hault ou plus bas pris d'Imprimer ou inserer aux Almanacqz ny aussi les Almenacqz estans ailleurs Imprimez contenans la dicte specification ou cours de l'argent, de faire, ou laisser vendre iceux en nosdictz pays de pardeça sans le consentement dudict suppliant, soit en vertu de quelque priuilege, ou consentemēt particulier qu'ilz ont, ou pourroient auoir des Gouuerneurs, noz Consaulx prouinciaulx, Magistratz ou d'aultres quelz qu'ilz soyent, à paine de confiscation & perte desdicts exemplaires, & pardessus ce, de trois florins Carolus d'amēde pour chacun exemplaire que ainsi sera esté imprimé ou vendu; Applicable l'vn tiers à nostre prouffict, vn tiers à l'Officier, & l'aultre tiers au prouffit dudict suppliant. Si donnons en mandement à noz Treschiers & faux les Chief President, & Gens de noz Priué & grand Consaux, Presidens & Gēs de noz Consaux Prouinciaux à Luxemborch, Flādres, Arthois & Namur, Grand Bailly de Haynnau, & gens de nostre Cōseil à Mons, Gouuerneur de Lille, Douay & Orchies, Bailly de Tournay & Tournesis, Preuost le Comte à Valenciennes, Escoute de Malines & tous aultres noz Iusticiers, Officiers & subiectz qu'il appertiendra: Que de ceste nostre presente grace permission & accord, & de tout le contenu en cestes, ilz facent, seuffrent, & laissent ledict suppliant plainement ioyr, & vser sans luy faire, mectre ou donner, n'y souffrir estre faict, mis ou donné, aucun obstacle, destourbier ou empeschement au contraire: Car ainsi nous plaist il, en tesmoing de ce, nous auons faict mectre nostre seel à ces presentes, donné en nostre ville de Bruxelles le deuxiesme d'Octobre l'An de grace M. DC. X.

Par les Archiducqz en leur Conseil.

Enghien.

Par les Archiducqz.

A NOZ AMEZ ET FEAVLX LES Gouuerneur, Presſident & gens de noſtre Conſeil Prouincial d'Arthois ſalut & dilection: Comme les deputez de noz bonnes villes de pardeça, que naguaires auions fait aſſembler en ceſte noſtre ville de Bruxelles, pour trouuer moyen de remedier a l'exces & deſordre que preſentement ſe commet au cours & miſe des monnoyes, nous ayẽt declairé par leur aduis ſur ce rẽdu le troiſieſme de ce preſent mois de Mars, qu'il n'y auroit aultre expedient plus propre & facile, que de faire obſeruer vng pied vniforme d'eualuation de toutes ſortes & eſpeces de monnoyes, tant forgées pardeça, que es pays & Prouinces circumvoiſines, prẽnant fondement ſur les doubles Ducatz de noſtre forge au pris de ſept florins, dixhuict pattars piece (au regard de celles d'or.) Et ſur les pieces de trois Reaulx de meſme forge au pris de quinze pattars piece, (au regard de celles d'argent) & appretiant toutes les aultres à proportion de la valeur intrinſeque d'icelles, à ſçauoir à raiſon de vingtrois caratz neuf grains d'or fin en alloy leſditz doubles ducatz & de trẽtecinq pieces en taille au marcq poidz de Troies, & de dix deniers, dixhuict grains d'argẽt fin en alloy leſdites pieces de trois Reaulx, & vingtſix pieces, & deux tiers de piece audit marcq, ſans auantager l'vne eſpece plus que l'aultre. Nous qui n'auõs aultre desir, ny chose plus à cœur en ce monde, que de procurer & aduancer le bien de noz bons subiectz, apres auoir fait examiner ledit aduis en noz consaulx priué & des Finances, ayons fait dresser vng estat du pris & valeur tant des vnes, que des aultres especes de monnoyes, au plus iuste que bonnement s'est peu faire, lequel ayãt esté veu en nosditz consaulx, nous auons par l'aduis d'iceulx finalement resolu de permettre, comme permettons par cestes, que doiz le iour de la publication d'icelles, les especes de monnoyes d'or & d'argent cy apres declarées, se pourront mettre & recepuoir en noz pays de pardeça estans soubz nostre obeyssance, au poidz & pris que s'ensuyt, par maniere de prouision, & iusques à ce que auec meilleure occasion, & pour le plus grand bien de nosdicts bons subiectz aultrement y aurons ordonné.

Monnoyes d'or.

LE double Ducat à noz coings & armes de poidz & alloy susdit, pesant quatre estrelins, dixhuict aes & vng quart trebuchant, vij flor. xviij. pat.

Le single Ducat aux mesmes coings & armes à l'aduenant. iij. flor. xix. pat.

Le double tiers desditz doubles Ducatz de quarãtesept & dix dixneufiesmes pieces au marcq, pesant trois estrelins, vnze aes, & trois quartz d'aes escars, v. flor. v. pat.

Le single tiers desditz doubles Ducatz de quatrevingt quatre pieces au marcq, pesant vng estreling, vingtneuf aes escars, ij. flor. xij. pat. vj. deniers Arth.

Le Real d'or de quarantesix au marcq pesant trois estrelins, quinze aes, vn quart, vj. flor.

Le demi Real d'or de soixante dix & vng huictiesme pieces au marcq, pesant deux estrelins neuf aes trebuchant iij. flor.

Le Carolus d'or de quatrevingtz & quatre au marcq, pesant vng estrelin, vingtneuf aes escars, xxxviij. pat. vj. deniers Arth.

Les Escuz forgez pardeça doiz l'an quinze cens quarante, de soixante vnze & trois quarts pieces au marcq, pesans deux estrelins, sept & demy aes escars, iij. flor. xij. pat. vj. deniers Arth.

Le

Le florin S. André forgé pardeça doiz l'an mil cincq-cens, soixante sept, de soixante quatorze pieces, & cincq huictiesmes de piece au marcq, pesant deux estrelins quatre & demy aes trebuchant, ij.fl xviij.p.

Le florin Philippus de soixāte quatorze pieces au marcq, pesant deux estrelins, cincq aes, trebuchant, ij.flor. ix.pat.vj.deniers Arth.

Le grād Real d'Austrice de seize & demy au marcq pesant neuf estrelins vingtdeux aes, vng quart trebuchant, xvj. flor. xv.pat.vj.deniers Arth.

Le Schutquin de soixante treize au marcq pesant deux estrelins, six aes trebuchant, iij. fl. xij p. vj.den. Ar.

Le Thoison d'or de cincquantequatre & demi au marcq pesant deux estrelins trente aes escars v.flor.j.pat. vj.deniers Arth.

Le Rydre de Bourgoine de soixante dix au marcq, pesant deux estrelins neuf aes trebuchant iij.flor.xix.pat.

Les Lions d'or tant vieux que nouueau xde cincquante neuf au marcq pesans deux estrelins vingtdeux aes, trois quartz trebuchant, iiij.flor.x.pat.

Le Philippus Clincquart de soixante seize au marcq pesant deux estrelins trois & demi aes escars, ij flor. j.pat.vj. deniers Arth.

Le Pieter de Louuain de mesme poidz que ledit Clincquart, ij.flor xij.pat.

Le florin Guilhelmus de soixante douze au marcq, pesant deux estrelins sept aes trebuchāt, ij.fl.xviij.p.vj.de.Ar.

Les

Les Nobles de Flandres & aultres forgez au mesme pied, de trentesix au marcq, pesant quatre estrelins quatorze aes, vng quart, vij.flor.vij.par.vj.den.Arth.

Doubles Ducatz d'Espaigne à deux testes n'estans contrefaictz de trẽtecincq au marcq pesans quatre estrelins, dixhuict aes, vng quart trebuchant, vij.flor. xviij.pat.

Les singles des mesmes àl'aduenant.

Les Escuz Pistoletz d'Espaigne de soixante douze au marcq, pesans deux estrelins sept aes, trebuchant, iij.flor.xj.pat.

Les doubles & aultres de quatre à l'aduenant.

Les Escuz de France de soixante douze au marcq, pesans deux estrelins, sept aes trebuchant, iij.flor.xij.pat. vj.deniers Arth.

Le grand Crusart de Portugal de sept pieces au marcq, pesant vingt deux estrelins, vingt sept & demi aes escars, xxxix.flor xj.pat.

Le Mileres de Portugal de tre nte deux au marcq, pesant cincq estrelins piece viij.flor.

Le demi Milleres de soixante quatre au marcq, pesant deux & demi estrelins piece iiij.flor.

Les deux cincquiesmes dudict Milleres de quatrevingtz deux au marcq, pesans estrelins piece, iij.flor. iiij.pat.

Les doubles & quadruples desdictz deux cincquiesmes à l'aduenant.

Escuz

Efcuz de Portugal, à la courte croix de foixante dix au marcq, pefans deux eftrelins neuf aes trebuchant, iij. fl. xiiij p.vj.deniers Arth.

Les aultres à la lõgue croix de mefme poidz, iij.fl.xiij.p.

Nobles à la rofe d'Angleterre & aultres forgez au mefme pied, de trentedeux au marcq, pefans cincq eftrelins piece, viij. flor.xiij.pat.

Angelotz d'Angleterre vieux de quarãtehuict au marcq, pefans trois eftrelins dix & deux tiers d'aes piece, v.flor.xv.pat.

Le Noble Henricus de trentefix au marcq, pefant quatre eftrelins, quatorze & demy aes piece efcars, vij.flor. xiij.pat.

Les Iacobus d'Angleterre, & Rydres forgez au mefme pied es prouinces vnies de vingt quatre, & huict treiziefmes pieces au marcq pefans fix & demy eftrelins piece, x.flor.viij.pat.

Les demyz à l'aduenant.

Les Ducatz d'Hongrie, Boheme & aultres forgez en Allemaigne, fur le pied de l'Empire de foixãte dix à foixante vnze au marcq, pefans deux eftrelins, huict & demy aes trebuchant, iij. flor. xviij.pat.

Les doubles à l'aduenant.

Les Ducatz forgez es Prouinces vnies aux letres d'vng coftel, de foixante dix au marcq, pefans deux eftrelins, neuf aes, trebuchant, iij.fl.xviij.p.vj.d. Ar.

Les Doubles pareillement à l'aduenant.

Les

Les Ducatz d'Italie de soixante vnze au marcq, pesans deux estrelins, huict aes piece trebuchãt, iij.fl.xvij.p.
Et les doubles à l'aduenant.
Les Escuz d'Italie de soixante douze au marcq pesans deux estrelins sept aes trebuchant, iij. fl. ix. p.vj. den. Arth.
Les doubles & quadruples à l'aduenant.
Les florins d'Allemaigne, & aultres forgez au mesme pied, de soixante quinze, & quinze dixneufiesmes pieces au marcq, pesans deux estrelins, trois & demy aes trebuchant, ij.flor.xvj. pat.vj.deniers Arth.
Les vieux Rydres de Gelre, & florins de Campen, Deuẽter & Svvol, de soixante seize au marcq, pesans deux estrelins, trois & demy aes escars piece, ij.fl.ij .p.
Le nouueau Rydre de Gelre & Frize de soixante douze au marcq, pesant deux estrelins sept aes trebuchant, iij.flor.vij.pat.vj. deniers Arth.

Monnoye d'argent.

Les pieces de trois Reaulx de noz coings & armes, de poidz & alloy deuant dict, pesans six estrelins piece, au remede de trois aes, xv.pat.
Les singles Reaulx de mesme coing & armes, pesans deux estrelins piece, v.pat.
Les demy, & quartz dudit Real de baz alloy à l'aduenant.
Le double Florin cy deuant forgé à nosdicts coings & armes pesant dix sept estrelins vingtneuf aes & demy trebuchant, au remede de six aes sur piece, ij.fl.j.p.

Le single florin de la mesme forge & poidz à l'aduenant, xx. pat. vj. deniers Arth.

Et quant aux demy & quartz desdicts florins, ils demeureront au pris ordonné par noz ordonnances precedentes, comme aussi demeureront les aultres de moindre alloy, & plus grand poidz de mesme coing & armes, à sçauoir à dix & cincq solz piece.

Le Philippe Daldre pesant vingtdeux estrelins, treize aes piece, au remede de huict aes, ij. flor. xij. pat.

Le demy Philippe Daldre pesant vnze estrelins, six & demy aes, au remede de quatre aes sur piece, xxvj. p.

Et quant aux cincquiesmes, dixiesmes, vingtiesmes & quarantiesmes dudict Philippe Daldre, demeureront pareillement au pris ordonné par nosdictes ordonnances precedentes, comme aussi feront les huictiesmes & seiziesmes desdicts florins, moyennant qu'ils ne soyent par trop vsez, ou diminuez de leur vray poidz.

Le florin Carolus pesant quatorze estrelins, trente aes trebuchant, au remede de six aes sur piece, xxxiiij. pat. vj. deniers Arth.

Le Daldre à la croix de Bourgoine forgé pardeça aux coings & armes de feue sa Maiesté Catholicque doiz l'An mil, cincqcens, soixante sept n'estant contrefait, pesant dixneuf estrelins vng aes, au remede de six aes, ij. flor. vij. pat.

Les vielles pieces de six gros forgeés pardeça doiz l'an mil, cincqcens, vingt, pesans deux estrelins piece, v. p.

Aultres

Aultres de trois groz de baz alloy forgées au mesme tẽps, n'estans par trop vsez ij.pat. vj.deniers Arth.

Et les pieces de deux groz pareillement forgées pardeça tant parauant ledict an vingt, que par apres, qu'on dict à present vieux pattars, qui seront de belle mise, j.pat.vj.deniers Arth.

Les demyz à l'aduenant.

Item les pieces de quatre, deux & vng pattars, forgées pardeça aux coings & armes de feue sadicte Maiesté doiz l'an mil, cincqcens, quatrevintz & dix, demeureront pareillement à leur pris ordinaire.

Les Reaulx d'Espagne de huict, pesans dix sept estrelins vingtcincq aes au remede de six aes sur piece, ij.fl.vj.p.

Et ceulx de quatre & deux à l'aduenant.

Bien entendu que ceulx forgez en Mexico auec la croix quarrée & differentes armes de mesme poidz & moindre alloy ne se pourront mettre ny recepuoir, à sçauoir ceulx de huict, que pour ij.flor.v.pat.

Et ceulx de quatre & deux pareillement à l'aduenant.

Et quant aux singles & demy Reaulx d'Espaigne, pour estre la pluspart fort vsez, demeureront pareillement au pris & poidz ordonné par nosdictes ordonnances precedẽtes, comme ausi demeureront les doubles, de quatre & de huict deuant dicts, qui ne se trouueront de poidz & en dedans les remedes susdictes.

Les Francqz de France pesans neuf estrelins quatre aes, au remede de quatre aes sur piece, xxj.pat.

Les quartz d'escuz de France pesans six estrelins, huict aes, au remede de trois aes sur piece, xvj. pat.

Les testons de France pesans six estrelins trois aes, au remede de trois aes sur piece, xv. pat.

Les pattars de France desquelz à present aulcuns lieux & places de nostre obeyssance sont fort chargez, & notamment sur les frontieres de ladicte France, ne se pourront mettre ny recepuoir fors que ausdictes frontieres pour dix deniers Art. piece, à sçauoir six d'iceulx pour v. pat.

Les pieces de Liege Ernestus pesans deux estrelins trente aes v. pat.

Les demyz à l'aduenant.

Les Daldres qu'on dict de l'Empire, & aultres forgez tant esdictes Prouinces vnies, que ailleurs pesans dixhuict estrelins, vingt-huict aes, au remede de six aes sur piece, ij. flor. vj pat vj. deniers Arth.

Les Daldres au Lion forgez esdictes prouinces pesans dixhuict estrelins, au remede de semblables six aes sur piece, xxxvij. pat. vj. deniers Arth.

Les Daldres des Estatz forgez l'an 1577. & 1578. pesans vingt estrelins piece au remede de six aes pareillement sur piece, ij. flor. j. pat. vj. deniers Arth.

Le demy à l'duenant.

Le Rydre de Gelre & Frize pesant dixsept estrelins vingt aes au remede pareillemét de six aes, ij. fl. j. p. vj. de Ar.

Aultres Daldres de Gelre & Vtrecht pesans seize estrelins piece audict remede de six aes xxxij. pat.

Le

Le Daldre de Zelande à laigle d'vng costé, pesant treize estrelins, quatorze aes, au remede de quatre aes sur piece, xxviij.pat.

Le Daldre ou florin de Frize forgé illecq pour vingthuict pattars piece pesant douze & demy estrelins, au remede de quatre aes, xxvj.pat.

Les solz d'Angleterre, pesans quatre estrelins piece au remede de deux aes, x.pat.

Et les demyz à l'aduenant.

Le grand Real ainsi appellé & forgé esdictes prouinces vnies pesant vingtdeux estrelins treize aes, au remede de huict aes, ij.flor xij.pat.

Les vingtiesmes dudict Real dictz aux fleches de baz alloy, n'estans par trop vsez, ij.pat.six den.Arth.

Et quant aux pieces de six pattars forgees esdictes prouinces vnies de plusieurs sortes, & de different poidz & alloy, icelles se recepuront & mettront l'vne parmy l'autre, pour v.pat.vj. den. Arth.

Le tout au remede quãt ausdictes pieces d'argẽt comme dict est, & de deux aes, sur celles d'or, cõme de coustume, & au cas que aulcunes desdictes especes de monnoye d'or, se trouuassent plus legieres que dict est, personne ne sera tenu les recepuoir, ne soit en luy payant pour chacun aes defaillant vng pattart, & ce tant seulement iusques à six aes inclus, demeurans les aultres qui excederont d'auantage, declairées billon & non allouables.

Et combien que par noz ordonnances precedentes a esté interdict de retenir les pieces declairées & tenues pour billon, à faulte de poids ou aultremẽt plus de dix iours, Nous, pour raisõs à ce nous mouuantes accordons, que la dicte interdiction n'aura lieu au regard de ceulx qui les tiendront simplement chez eulx,

sans

sans les presenter, eschiller ou aliener, & lors qu'ils le vouldront faire, se deburont regler, selon qu'est porté par nos ordonnances precedentes.

Et quant à la monnoye de cuyure, si comme liartz, gigotz, & aultres forgez, à noz coings & armes, dont entẽdons que nostre peuple est fort chargé, desirans y pourueoir, auons ordonné & ordonnons par cestes, que d'oresnauant toute vlterieure forge de ladicte monnoye de cuyure à noz coings & armes cessera, demeurant neantmoins celle desia forgée au pris ordõné: & au surplus voulons & ordonnõs que tous aultres liartz forgez à Boisleducq, Ruremũde & Maestricht, n'ayent cours sinon esdictes villes & district d'icelles, & si quelcun les protẽd eschiller hors desdictes ville & district, voulõs iceulx auoir seulemẽt cours au pris d'vn gigot, comme aussi tous liardz forgez aux armes de Liege, de Neuers, ou aultres quartiers estrangiers, & les gigotz à l'aduenant, A paine contre celuy qui les mettroit, presenteroit, ou recepuroit aultrement, d'escheoir pour la premiere fois (à cause de sa desobeyssance) en amende de dix liures, & du double pour chacunefois qu'ils le feront encor, si auant qu'ils ayent moyen de le payer, & à faute de ce seront corrigez arbitrairement à la discretion du Iuge, ou des gens de loy où le cas aduiendra.

Et á fin qu'vng chacun puisse auoir facile cognoissãce des pieces d'or & d'argent, que sont mises á pris & tollerees par ceste nostre presente ordonnãce, nous voulons que au plustost soyẽt Imprimees les figures d'Icelles auec declaration de leur poids & pris, á quoy nos maistres generaulx de noz monnoyes tiendront la main, & feront quant & quant imprimer les figures de toutes aultres mõnoyes que aulcuns pourroyẽt s'auancer d'introduyre & mettre á pris cõtre ceste nostre ordonnãce, auec declaration de leur valeur intrinseque selon que naguaires leur auons particulierement en chargé, si tost que cela viendra á leur cognoissance, à fin que nostre peuple se puisse garder de perte.

Si voulons & ordonnons aussi bien expressement à tous noz officiers, ausquelz incõbe de faire obseruer nosdictes ordonnãces, de calenger, mettre á droit, & faire punir les transgresseurs,

sans

ſans port,faueur ou diſſimulation,par les mulctes,paines & amẽdes ſur ce ordonnees, ſans pouoir en aulcune maniere compoſer, ou tranſiger auecq ceulx qui auront cõtreuenu auſdictes ordonnances,encoires qu'ils euſſent prins à ferme, & à leur prouffit les mulctes paines ou amendes ſuſdictes, ains d'eſtre tenuz de incontinẽt, & du moins endedens vingt quatre heures apres que le delict ſeroit venu à leur cognoiſſance, les mettre à droit & le donner à cognoiſtre aux Iuges, & gens de loy ou quil eſcherra pour en eſtre tenue note, & faicte la pourſuyte requiſe, à paine de priuation de leurs offices, & d'eſtre declairez inhabiles de plus les pouuoir exercer.

Et pour tant mieulx faire obſeruer noſtre preſente ordonnãce & garder noſdicts bons ſubiectz de perte, dommage & intereſt, nous auons authoriſé & authoriſons par ceſtes tous noz officiers indifferement quels qu'ilz ſoyent pour par preuention faire les calenges & pourſuytes des tranſgreſſeurs de noſtre dicte ordõnance, & ce en tous lieux & places tãt de leur diſtrict, que d'aultres, & ordonnons à tous Iuges & gens de loy, où cela aduiẽdroit de à leur calenge & pourſuyte adminiſtrer briefue iuſtice, & d'ẽ faire executer les ſentences tout ainſi comme ſi telle calenge ou pourſuyte fuſt eſté faict par l'officier du lieu, non obſtant appellations couſtumes ou preuileges au contraire, & ſans preiudice d'iceulx.

Plus encores leſdicts officiers, magiſtratz & gẽs de loy de nos bonnes villes lieux ou places ſeront tenuz d'incontinẽt apres la publication de ceſtes faire ſerment que deuement ilz obſerueront, & feront obſeruer noſtre preſente ordonnance, ſans y faire faulte à paine de noſtre indignation.

Et pour tant plus facilement pouoir deſcouurir leſdicts contrauẽteurs, nous voulõs que celluy qui ſera chargé d'auoir receu quelques eſpeces, ou eſpece de monnoye, cõtre la diſpoſition de ceſte noſtre ordonnãce, ſoit conſtrainct par le Iuge de declairer ſoubz ſermẽt celluy de qui il les aura receu, & que ayant fait ladicte declaration il ſera quict & exempt des paines, mulctes & amendes, eſquelles aultrement il ſeroit tombé. Et à defaulr de faire

faire promptement ledict serment, il sera tenu de payer l'amende de cent florins, & ce non obstant tenu prester iceluy serment.

Demeurant au surplus tout ce que a esté ordonné, dict & declairé par noz ordonnances precedentes, & dont icy n'est dispofé au contraire en sa plaine force & vigeur tout ainsi comme si de mot à aultre il fut icy repeté.

Et à fin que de ceste nostre presente ordonnance & permission, personne ne puisse pretendre cause d'ignorance, nous voulons & ordonnons qu'elle soit imprimée tant en François, quæ en Thiois, & que incontinent & sans dilay la faciez publier par toutes les villes & lieux de nostre pays & Conté d'Arthois, où l'on est accoustumé faire criz & publications, & à l'entretenement & obseruation d'icelle procediez & faciez proceder contre les transgresseurs & desobeyssans par l'execution des paines & amendes dessus mentionnées, sans faueur, port ou dissimulation. De ce faire & qu'en depend vous donnons plain pouoir, authorité & mandemēt especial, mandons & commandons à tous que à vous le faisant, ils obeyssent & entendent diligemmēt, Car ainsi nous plaist il, Donné en nostre ville de Bruxelles soubz nostre contreseel cy mis en placcart le xxij. iour de Mars, L'an de grace Mil, Six cens & Vnze.

Par les Archiducqz
en leur Conseil.

Signé

Verreyken.

Et est la dicte Ordonnance seellée du contreseel de leurs Altezes, en forme de Placcart.

Semblables Placcarts ont esté despechez en langue Françoise pour Luxemburg, Haynnau, Namer, Lille, Douay & Orchies, Tournay & Tournesiz, Valenziennes, & Cambray, & en langue Thioise, pour Brabant, Lemburg, Geldres, Flandres, & Malinez.

Ensuyuent icy les figures des especes de monnoye d'or & d'argent, tollerees & permises par la presente ordonnance au poidx recité par icelle & audict pris derechief declairé sur icelles, ensemble decelles de cuyure pour auoir cours en tous les bonnes villes, lieux, & places de leur Altezes Serenissimes pardeça au prix ordinaire pareillement mis dessus icelles.

Monnoye d'or.

LE double Ducat à noz coings & armes de poidz & alloy susdit pesant quatre estrelins, dixhuict aes & vng quart trebuchant, vij. flor. xviij. pat.

Les singles d'iceulx, iij. flor. xix. patars.

Le double Albertus v. flor. v. pat.

Le single Albert, ij.flor.xiijz.pat.

Le Real d'or, vj. flor,

Le demy, iij.flor,

Le Carolus d'or, xxxviiiz pat.

Les Escus forgez de pardeça, iij. flor. xiiz. pat.

Le Florin S. André ij. flor. xviij. pat.

Le Philippus d'or, ij. flor. lxz. patars.

Le grand Real d'Austriee, xvi. flor. xvz. patars.

Le Schutquin, iij. flor. xijz. patars.

Te Thoyson d'or, v. flor. iz. patars.

Le Rydre de Bourgoigne, iij. flor. xix. patars.

Les Lions d'or tant vieux que nouueaux, iiij. flor. x. pat.

Le Philippus Clincquart, ij.flor.iz.pat.

Le Pieter de Louuain, ij.flor.xlj.pat.

Le florin Guilhelmus, ij.flor.xviiiz.pat.

Les Nobles de Flandres, & aultres forgez au mesme pied, vij.flor.viiz.pat.

Les Nobles de Flandres, vij. flor. viiz. pat.

Doubles Ducatz d'Espaigne à deux testes, n'estans contrefaictz, vij. flor. xviij. pat.

Les singles des mesmes à l'aduenant.

Les quadruples à l'aduenant.

Les Eſcuz Piſtoletz d'Eſpaigne, iij. flor. xi. pat.

Les doubles, & de quatre à l'aduenant.

Les Eſcuz de France, iij. flor. xijz. pat.

Les Escuz de France, iij. flor. xijz. pat.

Le grand Crusart de Portugal, xxxix. flor. xi. pat.

Le Mileres de Portugal, viij. flor.

Le demy à l'aduenant, iiij. flor.

Les deux cinequiesmes dudict Milleres iij.flor.iiij.pat.

Les doubles dedictz deux cinquiesmes, vi. flor. viij.p.

Les quadruples desdictz deux cincquiesmes à l'aduenant.

Escuz de Portugal à la courte croix, iij. flor. xiiijz. pat.

Escuz de Portugal auec la longue croix, iij.flor.xiij. pat.

Nobles à la rose d'Angleterre & aultres forgez au mesme pied, viij.flor.xiij.pat.

Nobles à la rose d'Escosse. viij.flor.xiij pat.

Le demy à l'aduenant.

Vielles Angelotz d'Angleterre, v. flor. xv.pat.

Le Noble Henricus, vij. flor.xiij pat.

Le Iacobus d'Angleterre, x. flor. viij. pat.

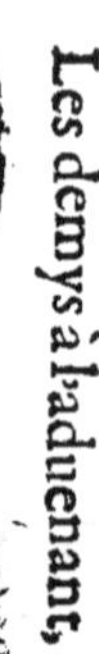

Les demys à l'aduenant,

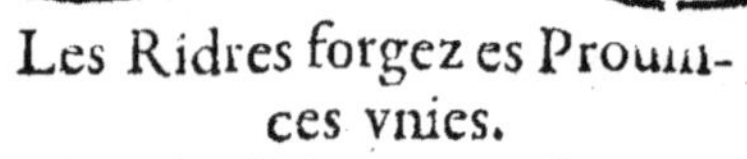

Les Ridres forgez es Prouinces vnies.

Le Rijdre d'or de Gelre, x. flor. viij. pat.

Le Rijdre d'or d'Hollande, x. flor. viij. pat.

Les Ducatz d'Hongrie, iij. flor. xviij. pat.

Les Ducatz d'Hongrie, Boheme, & aultres forgez en Allemaigne, à iij. flor. xviij. pat.

Boheme, iij. flor. xviij. pat. Poloigne, iij. flor. xviij. pat.

Les Ducatz d'Allemaigne, iij flor. xviij. pat.

Ducatz d'Allemaigne,

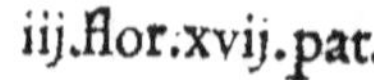

iij.flor.xvij.pat.

Les doublespareillement à l'aduenant.

Doubles Ducatz forgez es Prouinces vnies aux letres d'vng costel. vij.flor.xvij.pat.

Singles ducatz, iij fl.xviij.pat.

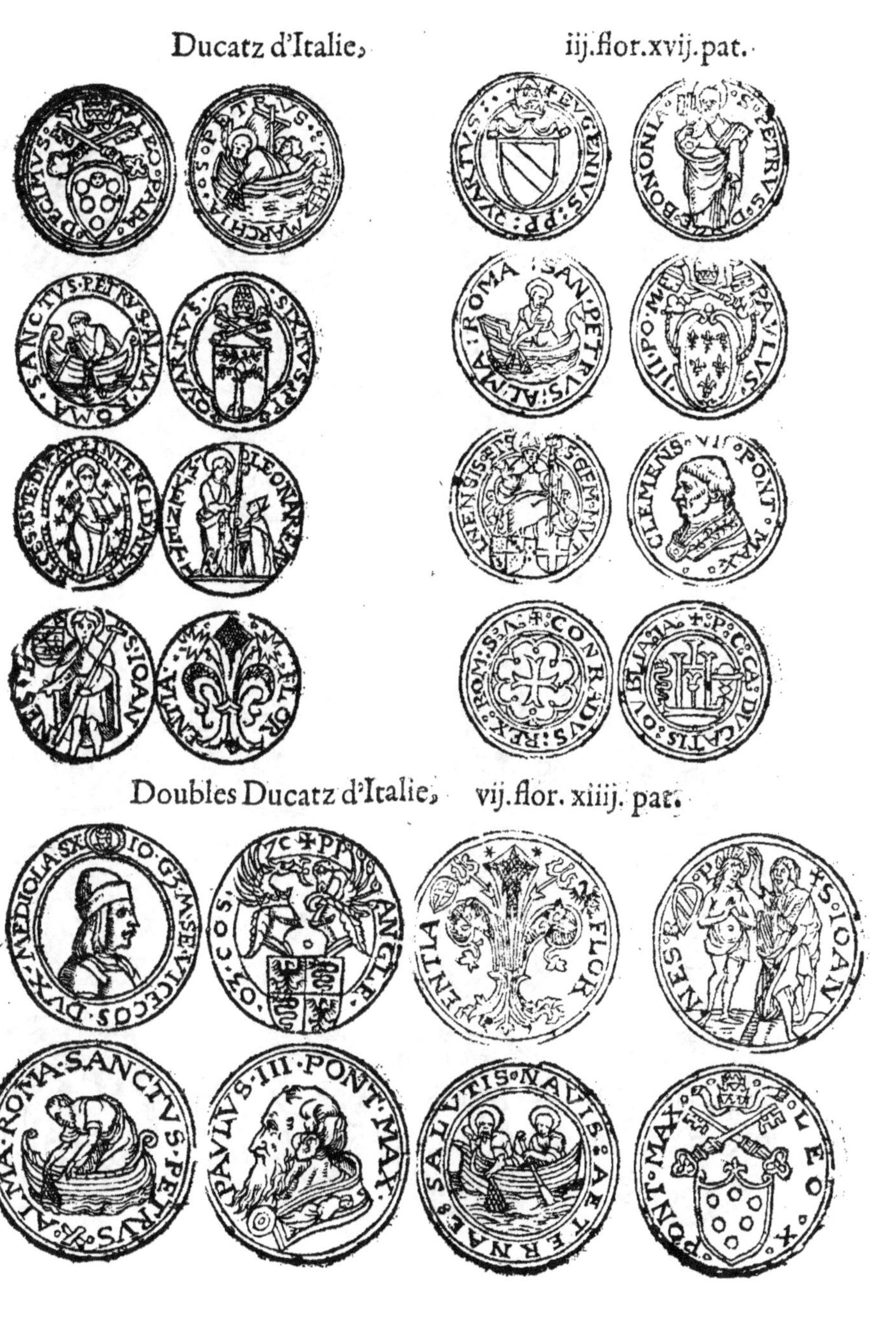

Ducatz d'Italie, iij.flor.xvij.pat.

Doubles Ducatz d'Italie, vij.flor. xiiij. pat.

Les doubles Ducatz d'Italie, vij.flor.xiiij.pat.

Les Escuz d'Italie, iij.flor. ixz pat.

Les Escuz d'Italie, iij. flor. ixz. pat.

Les Efcuz d'Italie, ij.flor.ixz.pat.

Milan. Sauoye.

Genua. Lombardie.

Les doubles & quadruples à l'aduenant,

Les Florins d'Allemaigne ij.flor.xviz.pat.

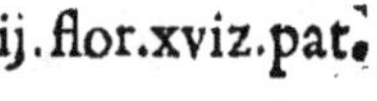

Tirole.

Brandenbourch.

Les Florins d'or d'Allemaigne, ij. flor. xviz. pat.

Brandenbourch.

Coloigne.

Mayence.

Saxe.

Coloigne.

Les Florins d'Allemaigne, ij. florin xviz. pat.

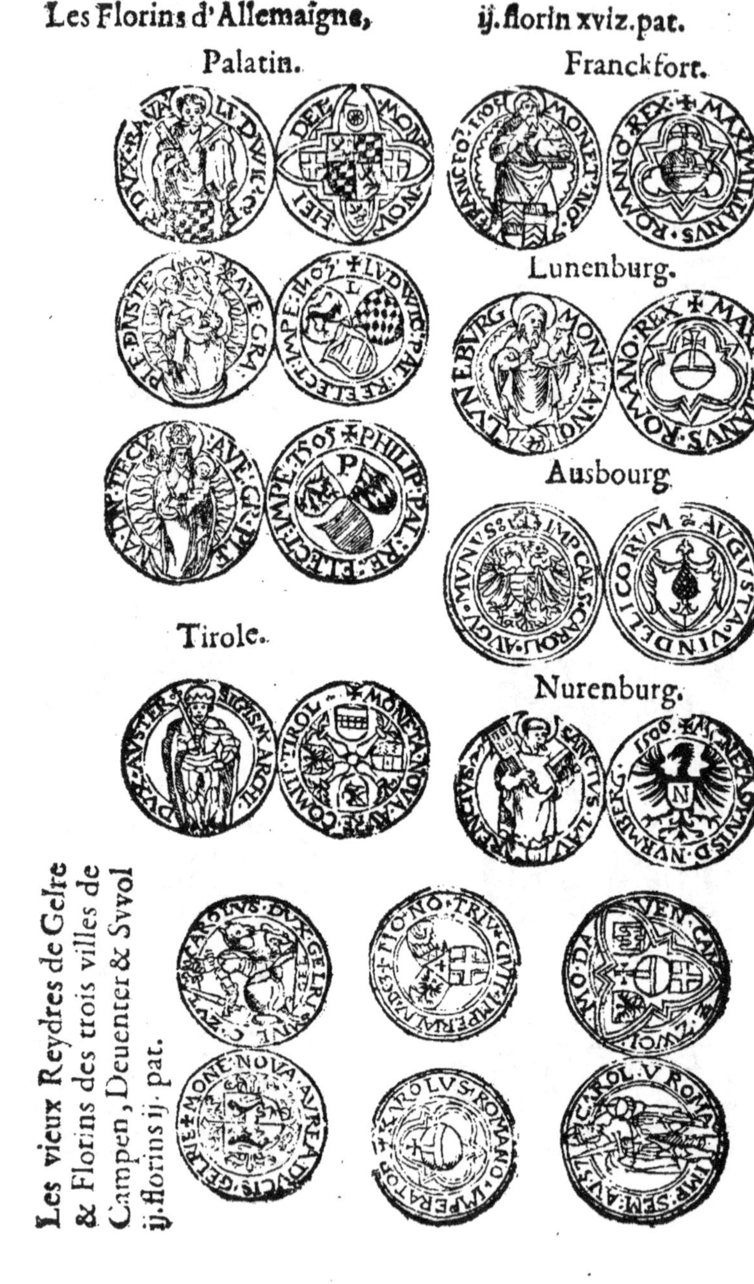

Palatin.

Franckfort.

Lunenburg.

Ausbourg.

Tirole.

Nurenburg.

Les vieux Reydres de Gelre & Florins des trois villes de Campen, Deuenter & Svvol ij. florins ij. pat.

Le nouueau Reydre de Gelre & Frise. iij.flor.vij.pat.

Monnoye d'argent.

Les pieces de trois Reaux de noz coings, xv. pat.

Les singles de mesme coing v. pat.

Le demy Real iiz. pat.

Le quart dudict Real i. p. vn liart.

Le double Florin cy deuant forgé à nosdicts coings & armes, ij.flor.i.pat.

Le ſingle florin de la meſme forge, xxz. pat.

Autre demy Florin de moindre alloy. x. pat.

Le demy florin, x. pat.

Aultre quart pour v. pat.

Huict.eſme dudict Flo ijz. pat.

Le quart dudict florin v. pat.

Le Philippe Daller, ij. flor. xij. pat.

Le ſeiſieſme, i. pat, vn liart.

Le demy Philippe Daller, xxvi. pat.

Le cincquiesme part, x.pat. Le dixiesme part, v.pat.

Le vingtiesme part dudict Philippe, ijz.pat. Le quarantiesme part i.pat. i. liart.

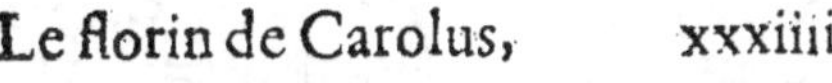
Le florin de Carolus, xxxiiiiz.pat.

Le Daller à la croix de Bourgoine, ij.flor.vij.pat.

Vielles pieces de six groz v. pat.

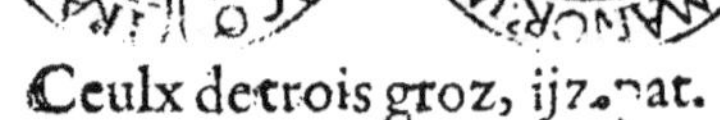

Ceulx detrois groz, ijz. pat.

Les vieux pat. pour iz. pat.

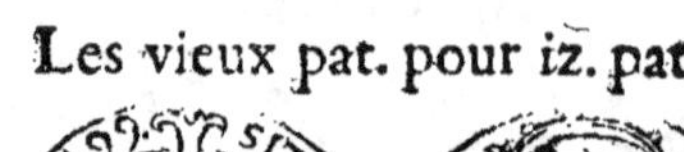

Les vieux pat. pour iz. pat.

Et le demy à l'aduenant.

Les Reaulx d'Espaigne de huict, pesans dixsept estrelins vingtcinq aes. ij. flor. vi. pat.

Reaulx d'Espaigne de quatre, i.flor.iii.pat.

Et ceulx de deux à l'aduenant.

Singles Reaulx, v.pat. Le demy [illegible] pat.

Reaulx de Mexico de moindre alloy, i.flor.v.pat.

Et ceulx de quatre & deux pareillement à l'aduenant.

Les Francqz de France, xxi.pat.

Les quarts d'escu de France, xvj. patars.

Le demy à l'aduenant.

Les testons de France, xv. pat.

Les patars le France fiz pour cincq patars.

Les Ernestus de Liege, v pat.

Le demy à l'aduenant.

Les Daldres, qu'on dict de l'Empire, & aulmes forgez tant es dictz Prouinces vnies, que ailleurs, ij. flor. viij. pat.

Les Daldres qu'on dict de l'Empire, [illegible] ij.flor.vij.pat.

Dallers qu'on dict de l'Empire ij.flor.vjz.pat.

Daldres de Gelre &autres, forgez tant esdictz prouinces vnies qu'alieurs ij.flor.viz par.

Les Daldres au Lion forgez esdictz Prouinces xxxviiz.par.

Les Daldres des Eſtatz, ij flor.iz.pat.

Le demy à l'aduenant.

Le Rydre de Gelre & Frize, ij flor.iz.pat.

Aultres Daldres de Gelre & Vtrecht xxxij. pat.

Le Daldre de Zelande à l'Aigle d'vng costé, xxviij. pat.

Le Daldre ou florin de Frize. xxvj. pat.

Les solz d'Angleterre, x. pat.

Le grand Real d'argent forgé esdictes prouinces, ij. flor. xij. pat.
Le demy à l'aduenant.

Et quant aux pieces de six patars forgees esdictes Prouinces, l'vne parmy l'autre pour vz. pat.

Le vingtiesmes dudict Real dictz aux fleches, iiz. pat.

Les liarts aux coings & armes de sa Maiesté pour douze mits, & les gigots pour vj. mites monnoye de Flandres.

Liarts & gigots de leurs Altezes

Doubles deniers de cuiure pour viij.mites & les singles pour iiij.mites

Liarts forgez à Boisleducq Ruremonde & Maestricht, comme aussi tous liardz de Liege, de Neuers & autres, au pris d'vn gigot.

www.ingramcontent.com/pod-product-compliance
Lightning Source LLC
LaVergne TN
LVHW050454160826
845677LV00003B/779

9782329674346